Impressum
Verlag: BABADADA GmbH, Nedderfeld 112 , 22529 Hamburg
Geschäftsführer / Verlagsleitung: Harald Hof
Druck: Books on Demand GmbH, In de Tarpen 42, 22848 Norderstedt

Imprint
Publisher: BABADADA GmbH, Nedderfeld 112 , 22529 Hamburg, Germany
Managing Director / Publishing direction: Harald Hof
Print: Books on Demand GmbH, In de Tarpen 42, 22848 Norderstedt, Germany

skola

ښوونځی

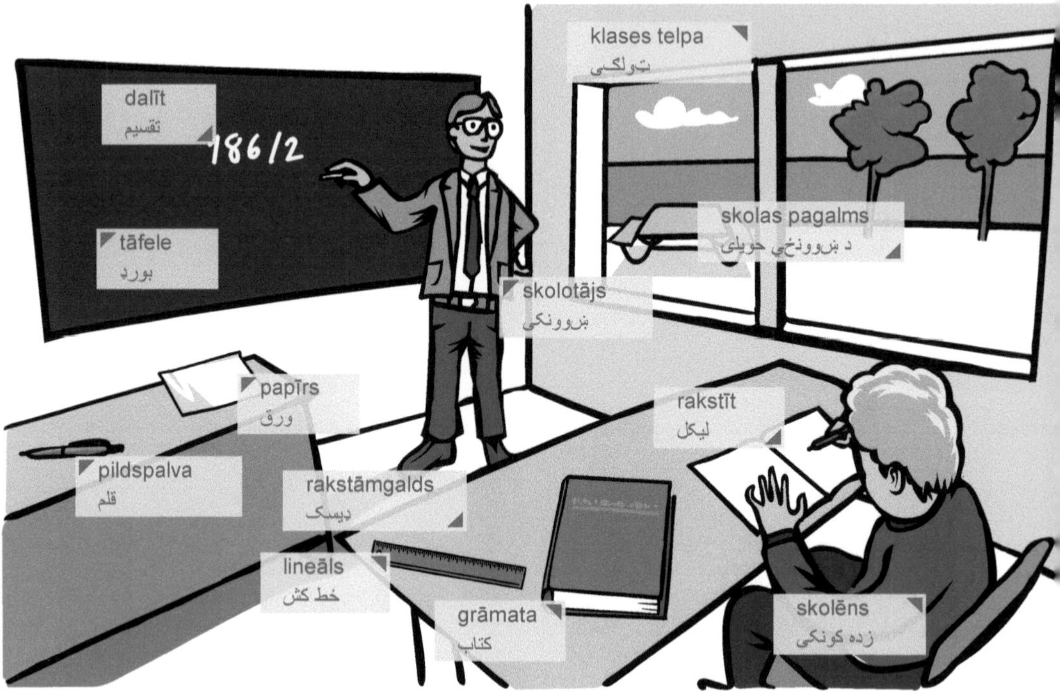

klases telpa
ټولګی
dalīt
تقسیم
186/2
tāfele
بورډ
skolas pagalms
د ښوونځي حویلی
skolotājs
ښوونکی
papīrs
ورق
rakstīt
لیکل
pildspalva
قلم
rakstāmgalds
ډیسک
lineāls
خط کش
grāmata
کتاب
skolēns
زده کونکی

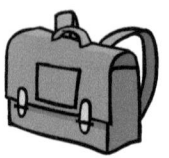

skolas soma

کڅوړه

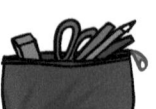

penālis

د پنسل بکسه

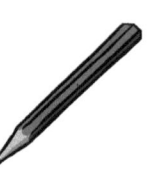

zīmulis

پنسل

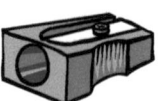

zīmuļu asināmais

پنسل تراش

dzēšgumija

ربړ

zīmēšanas bloks

د رسامی پاڼه

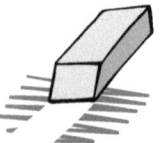

zīmējums

رسامي

ota

د نقاشی برس

krāsas

د نقاشی بکس

šķēres

قیچي

līme

سریش

darba burtnīca

د تمرین کتاب

mājas darbs

کورنی دنده

12

skaitlis

شمیر

2+2

saskaitīt

جمع

5-2

atņemt

منفي

2×2

reizināt

ضرب

rēķināt

حساب

A

burts

توری

ABCDEFG HIJKLMN OPQRSTU VWXYZ

alfabēts

الفبا

hello

vārds

کلمه

teksts

متن

lasīt

لوستل

krīts

تباشیر

mācību stunda

درس

žurnāls

راجستر

eksāmens

ازموینه

liecība

تصدیق پاڼه

skolas forma

د ښوونځي یونیفارم

izglītība

تعلیم

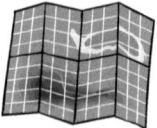

enciklopēdija

دایره المعارف

universitāte

پوهنتون

mikroskops

مایکروسکوپ

karte

نقشه

papīrgrozs

اشغالدانی

viesnīca
هوټل

hostelis
لیلیه

ROOMS

valūtas maiņas punkts
د اسعارو د تبادلي دفتر

čemodāns
بکس

automašīna
موټر

EXCHANGE

Grand

Valoda

ژبه

jā / nē

هو/نه

Okay

سمه ده

Sveiki!

سلام

tulks

ژباړونکی

paldies

مننه

Cik maksā…?

خومره دي...؟

Es nesaprotu

زه نه پوهیږم

problēma

ستونزه

Labvakar!

ماښام مو پخیر!

Labrīt!

سهار په خیر!

Ar labu nakti!

شپه په خیر!

Uz redzēšanos

په مخه مو ښه

virziens

لارښود

bagāža

سامان

soma

بیگ

mugursoma

شاتنی بکس

viesis

میلمه

istaba

خونه

guļammaiss

د خوب کڅوړه

telts

خیمه

tūrisma informācija

د توریزم معلومات

pludmale

ساحل

kredītkarte

کریدیت کارت

brokastis

ناری

pusdienas

د غرمي خواره

vakariņas

د شپې خواره

biļete

تیکټ

lifts

لفت

pastmarka

مهر

robeža

پوله

muita

ګمرک

vēstniecība

سفارت

vīza

ویزه

pase

پاسپورت

transports

ټرانسپورټ

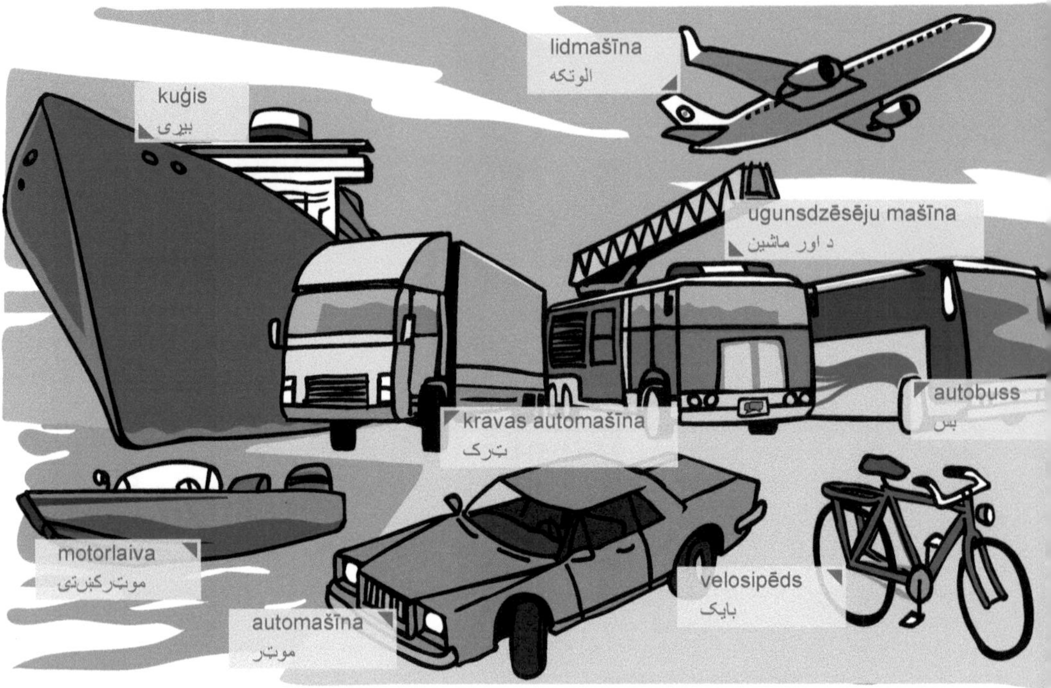

kuģis
بېړۍ
lidmašīna
الوتکه
ugunsdzēsēju mašīna
د اور ماشين
autobuss
بس
kravas automašīna
ټرک
motorlaiva
موټرکښتۍ
velosipēds
بايک
automašīna
موټر

prāmis

کښتۍ

laiva

کښتۍ

motocikls

موټرسايکل

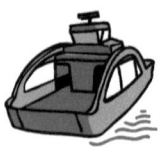

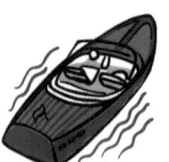

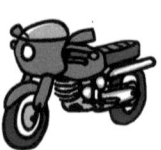

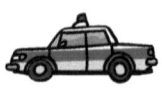

policijas automašīna

د پوليسو موټر

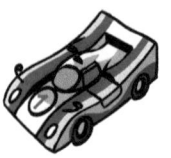

sacīkšu automobilis

د ريس موټر

nomas auto

کرايي موټر

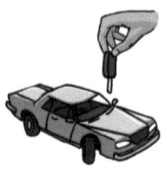

auto koplietošana

د کرايه موټري

evakuators

جرثقيل لرونکی ټرک

atkritumu mašīna

ريفيوز ټرک

dzinējs

موټر

benzīns

سونګ ټوکي

degvielas uzpildes stacija

پټرول سټيشن

ceļa zīme

ترافيکي نښه

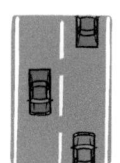

satiksme

ترافيک

sastrēgums

جام ترافيک

stāvvieta

د موټرو ټمځای

dzelzceļa stacija

د ريل سټيشن

sliedes

پاټکي

vilciens

ريل

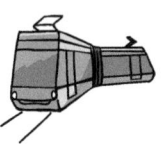

tramvajs

ټرام

vagons

واګون

helikopters

چورلکه

lidosta

هوايي ډګر

tornis

برج

pasažieris

مسافر

konteiners

کانټېنر

kaste

کارتون

ratiņi

کارت

grozs

ټوکرۍ

pacelties / nosēsties

الوتنه کول/کینېناستل

pilsēta

ښار

ciems

کلی

pilsētas centrs

د ښار مرکز

māja

کور

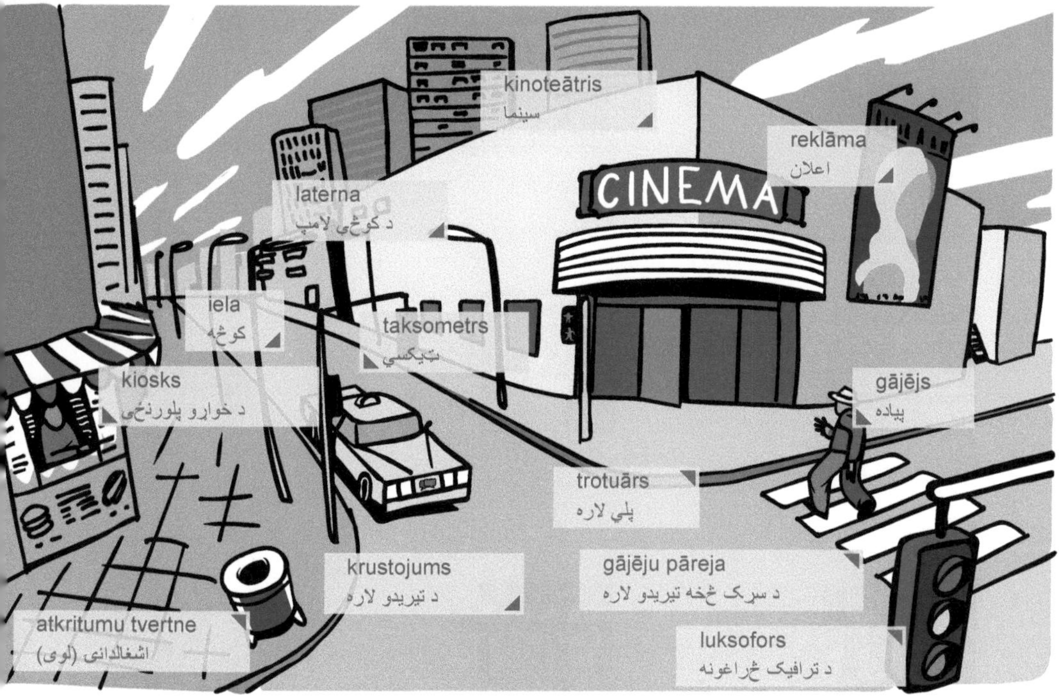

kinoteātris
سینما

reklāma
اعلان

laterna
د کوڅی لامپ

iela
کوڅه

taksometrs
ټیکسي

kiosks
د خوارو پلورنځی

gājējs
پیاده

trotuārs
پلي لاره

krustojums
د تیریدو لاره

gājēju pāreja
د سرک څخه تیریدو لاره

atkritumu tvertne
اشغالدانی (لوی)

luksofors
د ترافیک څراغونه

CINEMA

būda
کودله

dzīvoklis
اپارتمان

dzelzceļa stacija
د ریل سټیشن

rātsnams
ټاون هال

muzejs
میوزیم

skola
ښوونځی

universitāte

پوهنتون

banka

بانک

slimnīca

روغتون

viesnīca

هوټل

aptieka

درملتون

birojs

دفتر

grāmatnīca

کتاب پلورنځی

veikals

پلورنځی

ziedu veikals

د ګلانو پلورنځی

lielveikals

لوی پلورنځی

tirgus

مارکیت

tirdzniecības centrs

د دیپارتمنت سټور

zivju tirgotājs

کب پلورنځی

tirdzniecības centrs

د پلور مرکز

osta

لنګرتون

parks

پارک

sols

بینچ

tilts

پل

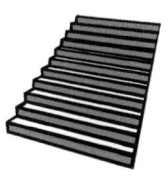

kāpnes

زینه

metro

د خمکی لاندی

tunelis

تونل

autobusa pieturvieta

بس تمځای

bārs

بار

restorāns

ریستورانت

pastkastīte

پوست بکس

ielas nosaukuma plāksne

د کوڅی نښه

stāvlaika skaitītājs

د پارک کولو میټر

zooloģiskais dārzs

ژوبڼ

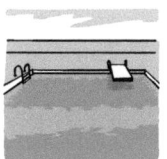

peldbaseins

د لامبو حوض

mošeja

مسجد

zemnieku saimniecība

کرونده

vides piesārņojums

ناپاکي

kapsēta

هدیره

baznīca

چرچ

spēļu laukums

د لوبو ډکر

templis

معبد/کلیسا

ainava

منظره

lapa
پاڼه

ceļrādis
د لارښوونی نښه

ceļš
لاره

pļava
چمن

akmens
کاڼی

koks
ونه

ceļotājs
هیکر

upe
سیند

zāle
واښه

puķe
ګل

ieleja

دره

kalns

غوندی

ezers

ناور

mežs

ځنګل

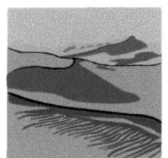

tuksnesis

دشته

vulkāns

اورشيندی

pils

کلا

varavīksne

رنگين کمان

sēne

مرخيري

palma

پلم ونه

moskīts

ماشي

muša

الوتل

skudra

ميږی

bite

مچی

zirneklis

غوندل/جولا

vabole

كونگت

varde

چونگبشه

vāvere

نولى

ezis

زير يكى

zaķis

سوى

pūce

كونك

putns

مرغى

gulbis

قازه

meža cūka

نرخوگ

briedis

هوسى

alnis

گاوزه

aizsprosts

بند

vēja ģenerators

بادي توربين

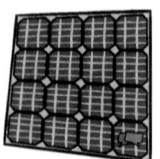

saules baterija

سولر تختى

klimats

اقليم

viesmīlis
پیشخدمت

ēdienkarte
مینو

krēsls
چوکی

zupa
سوپ

pica
پیزا

galda piederumi
بړاخی، چاقو، کاشوغه

galdauts
د میز پټوټه

uzkoda
ستارتر

pamatēdiens
اصلي خواړه

deserts
شیرني

dzērieni
څښاک

ēdiens
خواړه

pudele
بوتل

ātrās uzkodas

فاسټ فوډ

ielu uzkodas

د کوڅي خوارہ

tējkanna

چای جوش

cukurtrauks

قندانی

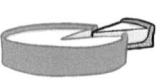

porcija

برخه

espresso kafijas automāts

اسپرسو مشین

bāra krēsls

لوره چوکی

rēķins

رسید

paplāte

مجمه

nazis

چاکو

dakša

پنجه

karote

قاشق

tējkarote

چای قاشق

salvete

سورویت

glāze

گلاس

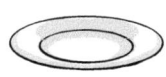

šķīvis

پلیټ

zupas šķīvis

د سوپ پلیټ

apakštase

نالبکی

mērce

ساس

sāls trauciņš

مالګه شیندونکی

piparu dzirnaviņas

د مرچ تـکولو لوخی

etiķis

سرکه

eļļa

غوړي

garšvielas

مساله

kečups

کچ اپ

sinepes

شرشم

majonēze

چکه

lielveikals

لوی پلورنځی

piedāvājums
ځانګړی وړاندیز
FOR
klients
پیرودونکی
piena produkti
لبنیات
augļi
میوه
iepirkumu ratiņi
لاسي ګرځ

BUTCHERS

kautuve

قصابي

BAKERY

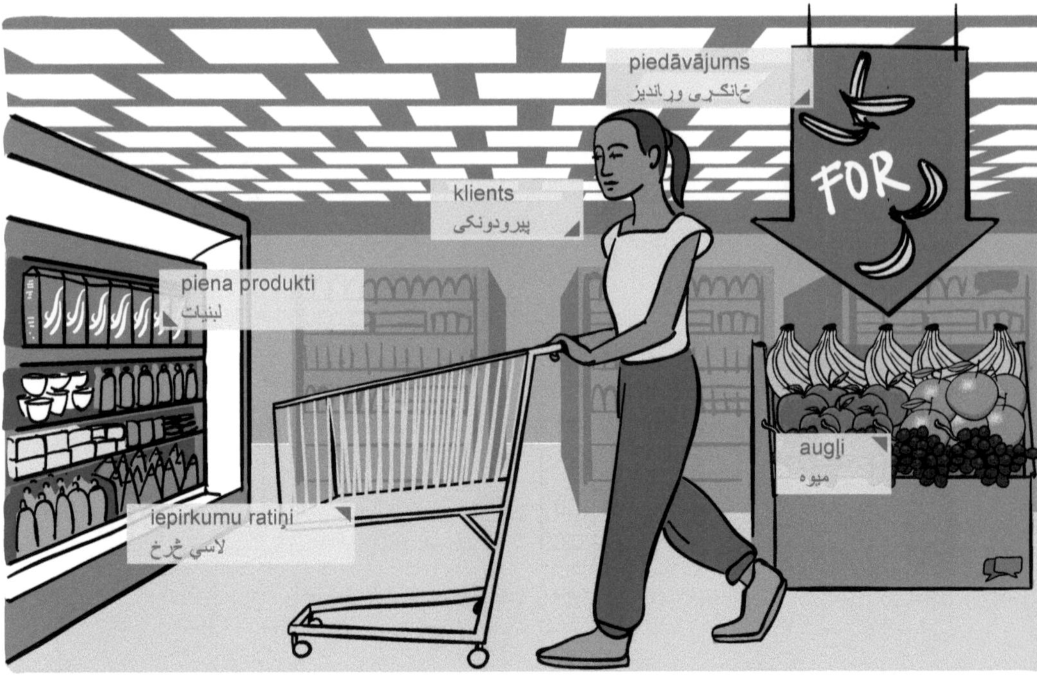

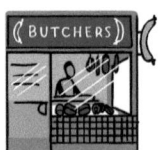

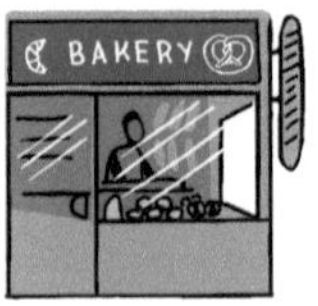

maizes veikals

نانوایی

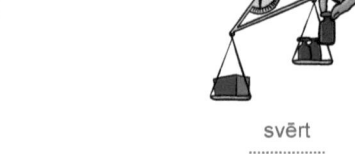

svērt

وزن کول

dārzeņi

سبزیجات

gaļa

غوښه

saldēti produkti

کنګل خواړه

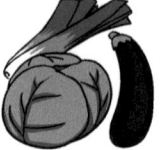

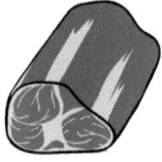

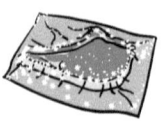

aukstās gaļas uzkodas

یخه غوښه

konservi

کنسروا خواره

pulveris

د مینځلو پودر

saldumi

شیریني

mājsaimniecības preces

کورني تولیدات

tīrīšanas līdzeklis

د پاکولو محصولات

pārdevēja

د پلور فرد

kase

د نغدي راجستر

kasieris

صراف

iepirkumu saraksts

د پیرود لیست

darba laiks

کاري ساعتونه

maks

بټوه

kredītkarte

کریدیت کارت

soma

کڅوړه

maisiņš

پلاستیک کڅوړه

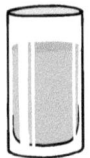

ūdens

اوبه

sula

جوس

piens

شيده

kola

كوك

vīns

واين

alus

بير

alkohols

الكول

kakao

ككاو

tēja

چاى

kafija

كافي

espresso

اسپرسو

kapučīno

كپچينو

banāns

کیله

ābols

مڼه

apelsīns

نارنج

melone

هندوانه

citrons

لیمو

burkāns

ګازره

ķiploks

هوږه

bambuss

بانکس

sīpols

پیاز

sēne

مرخیړي

rieksti

چغزی

makaroni

آش

spageti

سپیگتي

rīsi

وريجي

salāti

سلاد

frī kartupeļi

چپس

cepti kartupeļi

سره کري کچالو

pica

پيزا

hamburgers

همبرگر

sviestmaize

ساندويچ

šnicele

کتره

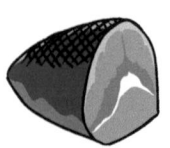

šķiņķis

د پتون غوښه

salami

سلمي

desa

ساسچ

vista

چرک

cepetis

روسټ

zivs

کب

auzu pārslas

د وربشي شيريني

muslis

موسلي

brokastu pārslas

د جوار پلی

milti

اوړه

radziņš

کروسانت

brokastu maizītes

د ډوډۍ رول

maize

ډوډۍ

tostermaize

ټوسټ

cepumi

بسکيټ

sviests

کوچ

biezpiens

چکه

kūka

کيک

ola

هګۍ

cepta ola

پخسي هګۍ

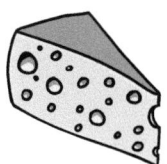

siers

پنير

saldējums

آیس کریم

cukurs

بوره

medus

شهد

marmelāde

مربا

riekstu krēms

نوگات کریم

karijs

کورکمان

zemnieku saimniecība
کرونده

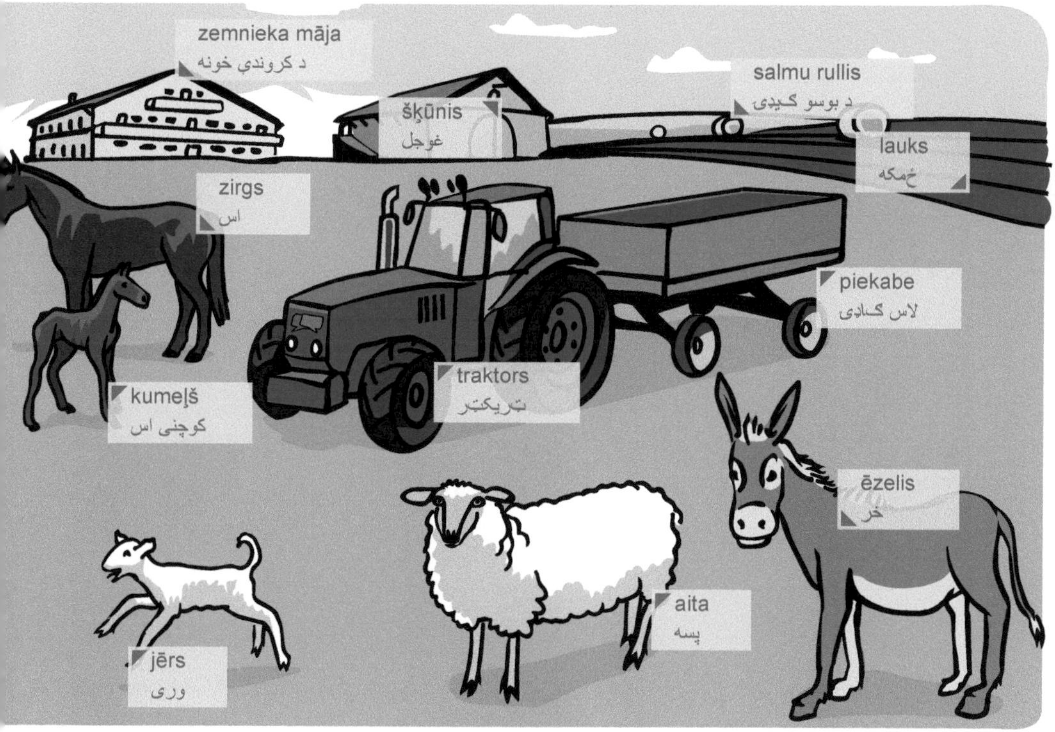
zemnieka māja
د کروندې خونه
šķūnis
غوجل
salmu rullis
د بوسو ګیډۍ
lauks
ځمکه
zirgs
اس
piekabe
لاس ګاډی
traktors
ټریکټر
kumeļš
کوچنی اس
ēzelis
خر
aita
پسه
jērs
وری

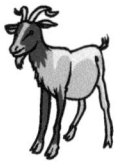

kaza
وزه

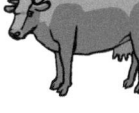

govs
غوا

teļš
خوسکی

cūka
خوګ

sivēns
د خوګ بچی

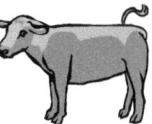

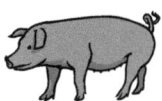

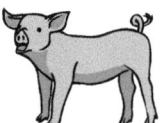

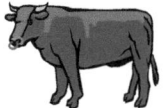

bullis
غویی

zoss

بته

pīle

هیلی

cālis

چرگوری

vista

چرګه

gailis

بانګي

žurka

سارای موږک

kaķis

پیشک

pele

موږک

vērsis

غویی

suns

سپی

suņa būda

د سپي خونه

dārza šļūtene

د باغ هوز

lejkanna

د اوبو لوخی

izkapts

لور (داس)

arkls

یوی

sirpis

لور

kaplis

رمبی

mēslu dakša

ښاخی

cirvis

تبر

ķerra

کراچی

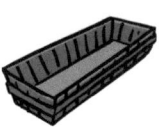

sile

ناوه

piena kanna

د شیدو لوخی

maiss

جوال

žogs

کتاره

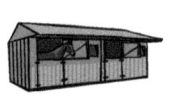

kūts

مضبوط

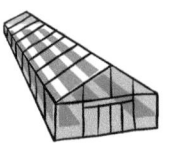

siltumnīca

شنه خونه

augsne

خاوره

sēklas

تخم

mēslojums

سره/کود

kombains

کد ریبونکی ماشین

novākt ražu

زیرمه کول

raža

درمند

jamss

خواږه کچالو

kvieši

غنم

soja

سویا

kartupelis

کچالو

kukurūza

جوار

rapsis

نباتي تخم

augļu koks

د میوی ونه

manioka

مانیوک

labība

غله

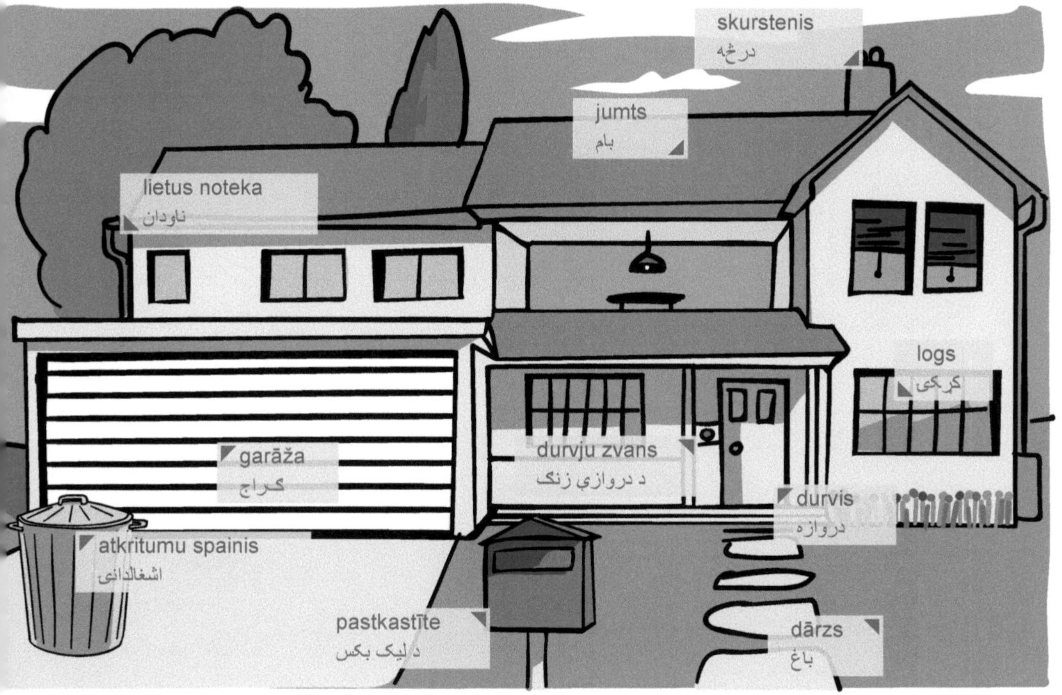

skurstenis

درغه

jumts

بام

lietus noteka

ناودان

logs

کړکۍ

garāža

کراج

durvju zvans

د دروازي زنګ

durvis

دروازه

atkritumu spainis

اشغالدانی

pastkastīte

د لیک بکس

dārzs

باغ

viesistaba

د اوسيدو خونه

vannas istaba

حمام

virtuve

پخلنځۍ

guļamistaba

د ويده کیدو خونه

bērnu istaba

د ماشوم خونه

ēdamistaba

د خواړو خونه

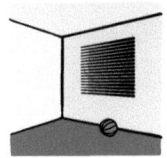

grīda

فرش

siena

ديوال

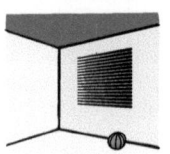

griesti

چت

pagrabs

زيرخانه

sauna

سونا

balkons

بالكوني

terase

تراس

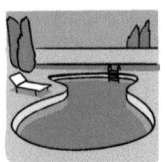

baseins

حوض

zāles pļāvējs

د چمن وهلو ماشين

gultas veļa

شيت

sega

روجايی

gulta

تخت

slota

جارو

spainis

بوكه

slēdzis

سويچ

viesistaba

د اوسیدو خونه

tapetes
والپیپر
attēls
عکس
lampa
لامپ
plaukts
شیلف
skapis
الماری
televizors
تلویزیون
kamīns
نغری
puķe
ګل
spilvens
بالښت
dīvāns
صوفه
vāze
ګلدانی
tālvadības pults
ریموټ کنټرول

paklājs

غالۍ

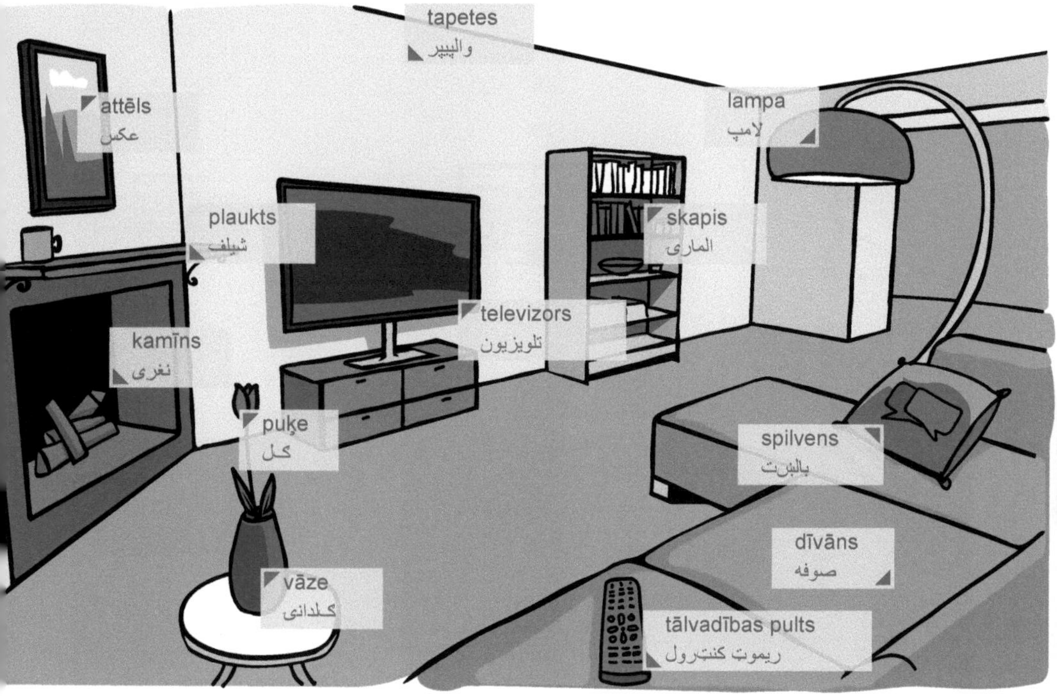

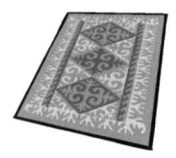

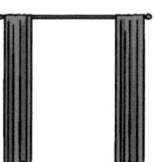

aizkars

پرده

galds

میز

krēsls

چوکۍ

šūpuļkrēsls

تاویدونکي چوکۍ

atpūtas krēsls

بازو لرونکی چوکۍ

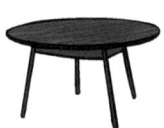

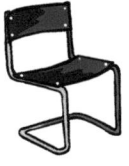

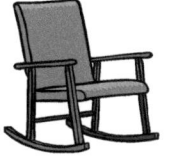

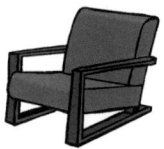

grāmata

كتاب

sega

كمبل

dekorācija

ديكوريشن

malka

د اور لرکـي

filma

فلم

mūzikas centrs

هايفاى

atslēga

كلي

avīze

ورځپاڼه

glezna

نقاشي

plakāts

پوسټر

radio

راډيو

pierakstu blociņš

كتابچه

putekļu sūcējs

واكيوم جارو

kaktuss

كاكتوس

svece

شمع

virtuve
پخلنځی

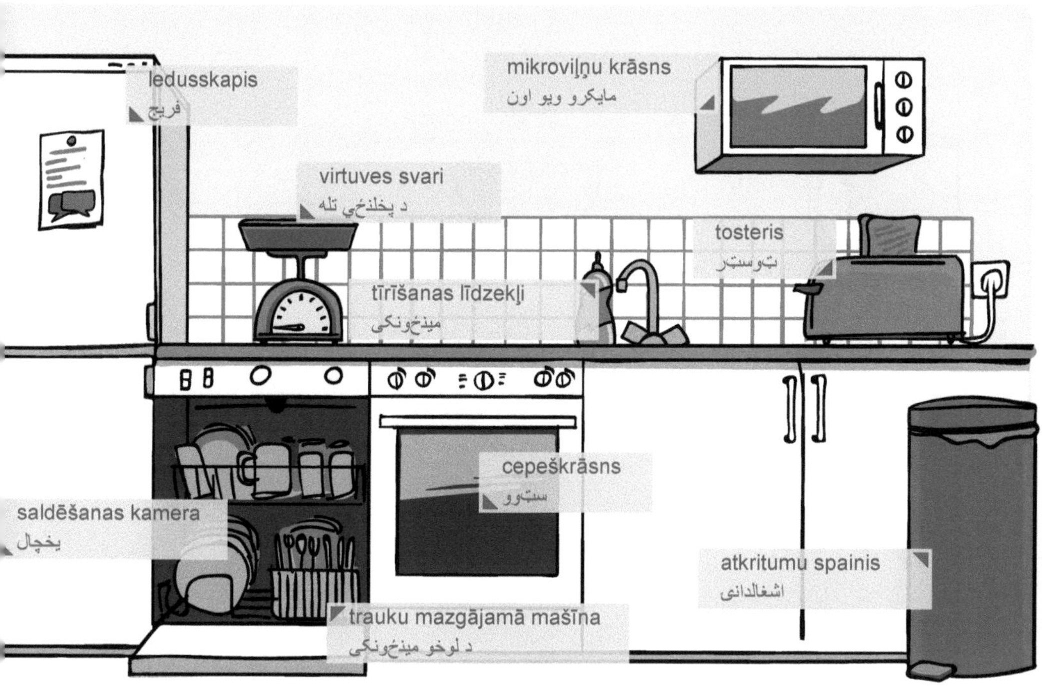

ledusskapis
فریج
mikroviļņu krāsns
مایکرو ویو اون
virtuves svari
د پخلنځي تله
tosteris
ټوسټر
tīrīšanas līdzekļi
مینځونکی
cepeškrāsns
سټوو
saldēšanas kamera
یخچال
atkritumu spainis
اشغالدانی
trauku mazgājamā mašīna
د لوخو مینځونکی

plīts

دیگ بخار

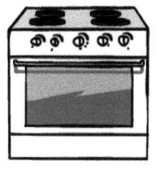

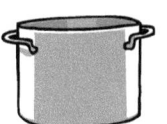

pods

لوخی

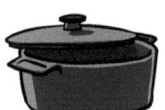

katls

چدني لوخی

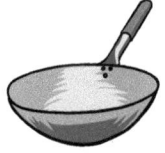

Wok panna

ووک

panna

د تلي په

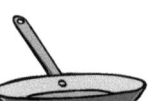

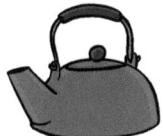

elektriskā tējkanna

چای جوش

tvaika katls

د بخار دیگ

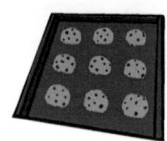

cepešpanna

پتنوس

trauki

لوخي

krūze

مګ

bļoda

کاسه

irbulīši

د رانیولو اوزار

kauss

څمڅی

lāpstiņa

کفګیر

putošanas slotiņa

پاکونکی

sietiņš

صافي

siets

غلبیل

rīve

کریتر

piesta

اونک

grilēt

بار بي کیو

atklāts pavards

خلاص اور

dēlis

تخته

mīklas rullis

هوارونکی

korķu viļķis

کارک سکریو

bundža

ټیم

konservu nazis

د ټیم خلاصونکی

virtuves cimdi

د لوخي ټوټه

izlietne

ظرف شوی

birste

برس

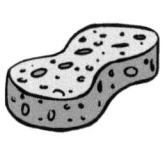

sūklis

سپنج

mikseris

بلیندر

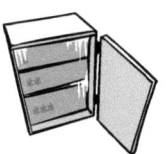

saldētava

ژور یخچال

bērna pudelīte

د ماشوم بوتل

ūdenskrāns

نل

vannas istaba

حمام

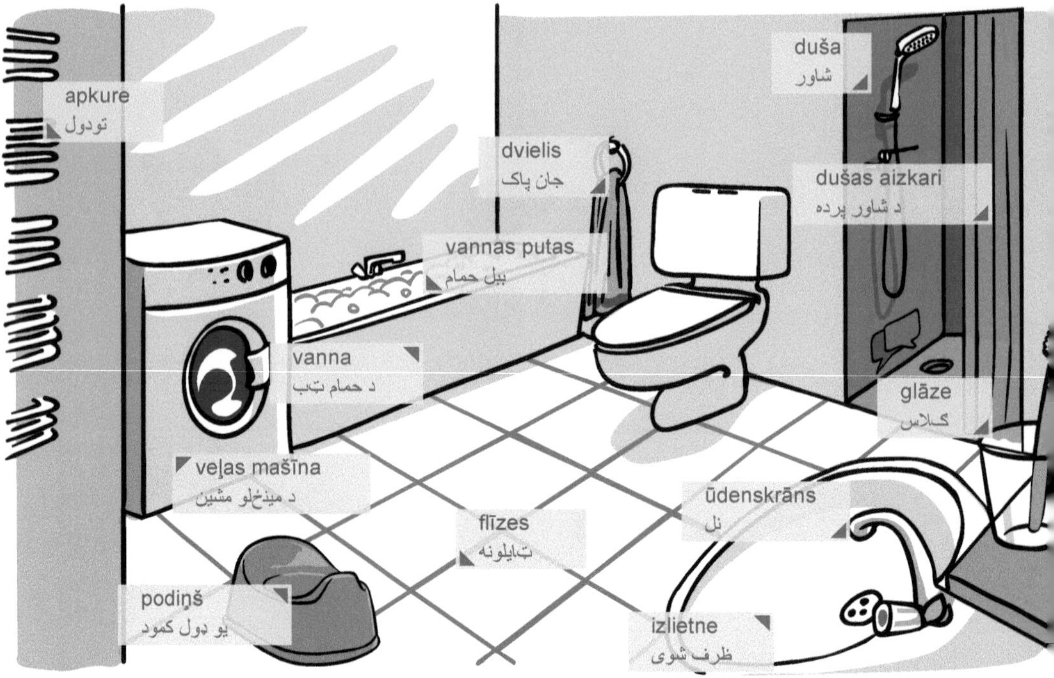
duša
شاور
apkure
تودول
dvielis
جان پاک
dušas aizkari
د شاور پرده
vannas putas
ببل حمام
vanna
د حمام ټب
glāze
گلاس
veļas mašīna
د مينځلو مشين
ūdenskrāns
نل
flīzes
ټايلونه
podiņš
يو ډول کمود
izlietne
ظرف شوی

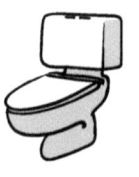

tualetes pods

تشناب

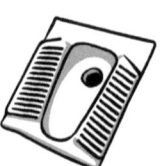

Āzijas tipa tualete

فرشي کمود

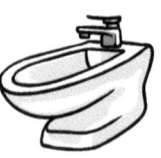

bidē

کمود

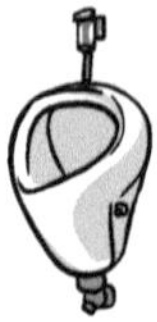

pisuārs

د متيازو ځای

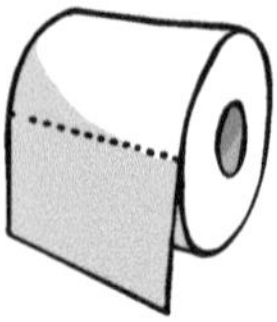

tualetes papīs

تشناب کاغذ

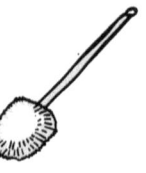

tualetes birste

د تشناب برس

zobu birste

د غاښونو برس

zobu pasta

د غاښونو کریم

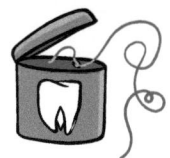

zobu diegs

د غاښونو نخ

mazgāt

مینځل

rokas duša

لاسي شاور

duša

دوش

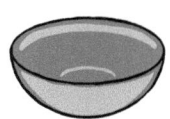

bļoda

خانک

muguras mazgāšanas birste

د شا برس

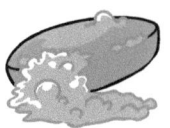

ziepes

صابون

dušas želeja

د شاور ژل

šampūns

شامپو

mazgāšanas drāna

فلانل جامه

noteka

وچول

krēms

کریم

dezodorants

سپری

spogulis

آینه

spogulītis

لاسي آینه

skuveklis

ریزر

skūšanās putas

د خريلو فوم

losjons pēc skūšanās

د خريلو وروسته

ķemme

کمذخ

matu suka

برس

matu fēns

د ويښتانو وچونکی

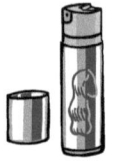

matu laka

د ويښتانو سپری

grima komplekts

میک اپ

lūpu krāsa

لیپ ستیک

nagulaka

د نوکانو پالش

vate

کاتن وړی

šķērītes

ناخن گـير

smaržas

عطر

kosmētikas maks

د مېنځلو کڅوړه

ķeblītis

سټول

svari

د وزن کولو تله

halāts

د حمام پوښاک

tīrīšanas cimdi

د ربر دستکش

tampons

ټامپون

pakete

صحیی جان پاک

ķīmiskā tualete

کیمیکل تشناب

bērnu istaba
د ماشوم خونه

modinātājs
د الارم ساعت
mīkstā rotaļlieta
د لوبو وسایل
spēļu automašīna
د نانځکي موټر
grabulis
ریټل
leļļu māja
د نانځکو خونه
dāvana
ډالی

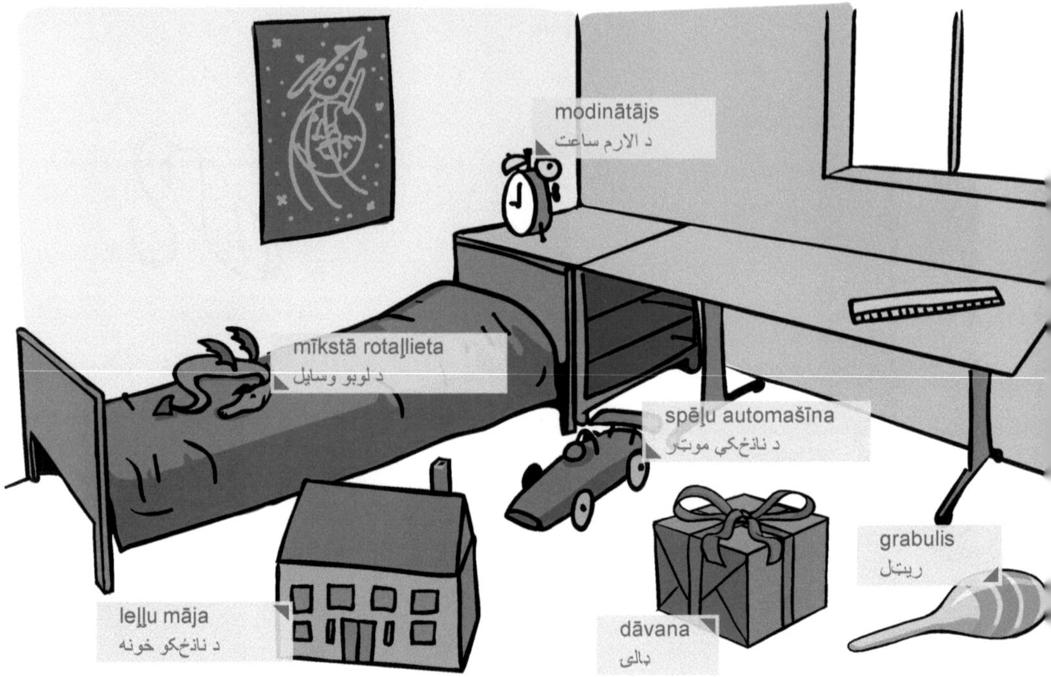

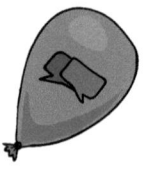

balons

بالون

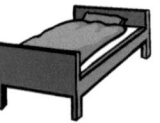

gulta

تخت

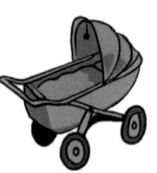

bērnu ratiņi

کالسکه

kārtis

د لوبو ورقي

puzle

جیگسا

SUPER
MEGA

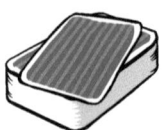

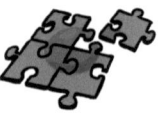

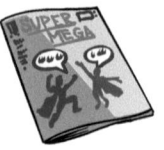

komikss

مسخره

LEGO klucīši

لیګو بریک

klucīši

د نانځکو بلاک

varoņu figūra

د اکشن فیګور

rāpulītis

د ماشوم پوښاک

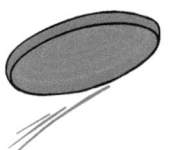

lidojošais šķīvītis

فریزبي

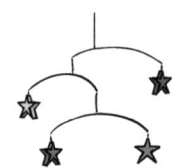

muzikālais karuselis

موبایل

galda spēle

بورډ لوبه

metamais kauliņš

تاس

rotaļu dzelzceļš

مادل ریل سیټ

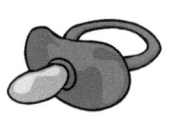

māneklis

کونګشی

ballīte

پارټي

bilžu grāmata

د عکسونو البوم

bumba

بال

lelle

نانځکه

spēlēt

لوبیدل

smilšu kaste

د شګو کنده

šūpoles

سوينگ

rotaļlietas

ناڅخکي

spēļu konsole

د ويديو لوبو کنسول

trīsritenis

ترای سايکل

plīša lācītis

ګوډکه

drēbju skapis

د کالو الماری

apġērbs

پوښاک

īszeķes

جرابي

zeķes

لوري جرابي

zeķbikses

ټايټس

x

x

x

šalle
زروکی

lietussargs
چتری

T-krekls
ټي شرت

siksna
کمربند

zābaks
بوټ\u0627ن

čības
سلیپر

botas
سنیکر

sandales	kurpes	gumijas zābaki
سینډل	بوټ\u0627ن	د ربر بوټ\u0627ن

apakšbikses	krūšturis	apakškrekls
زیرنیکري	سینه بند	واسکټ

bodijs

بادي

bikses

پتلون

džinsi

جينز

svārki

لمن

blūze

بلاوز

krekls

شرت

pulovers

بنيان

džemperis

سويتر

žakete

بليزر

jaka

جاكت

mētelis

كوت

lietus mētelis

د باران كوت

kostīms

پوښاک

kleita

كالي

kāzu kleita

د واده پوښاک

uzvalks

دريشي

naktskrekls

د شپې پوښاک

pidžama

پاجامه

sari

ساري

lakats

لوپټه

turbāns

پټکی

burka

برقه

kaftāns

کفتن

abaja

عبا

peldkostīms

د لامبو پوښاک

peldbikses

نيکر

šorti

شارټ

treniņtērps

د خُغاستي پوښاک

priekšauts

پيش بند

cimdi

دستکش

poga

بتڼ

brilles

عینک

rokassprādze

لاس بند

kaklarota

غاړه کی

gredzens

ګوتمه

auskars

غوږوالی

cepure

خولی

drēbju pakaramais

کوټ بند

platmale

خولی

kaklasaite

نتایی

rāvējslēdzējs

ځنځیر

ķivere

هیلمیټ

bikšturi

ترونکی

skolas forma

د ښوونخی یونیفارم

uniforma

یونیفارم

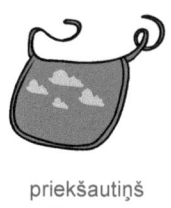

priekšautiņš

بيب

māneklis

ګونګشی

autiņbiksītes

نيپي

birojs

دفتر

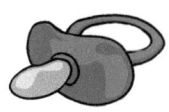

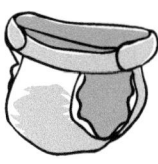

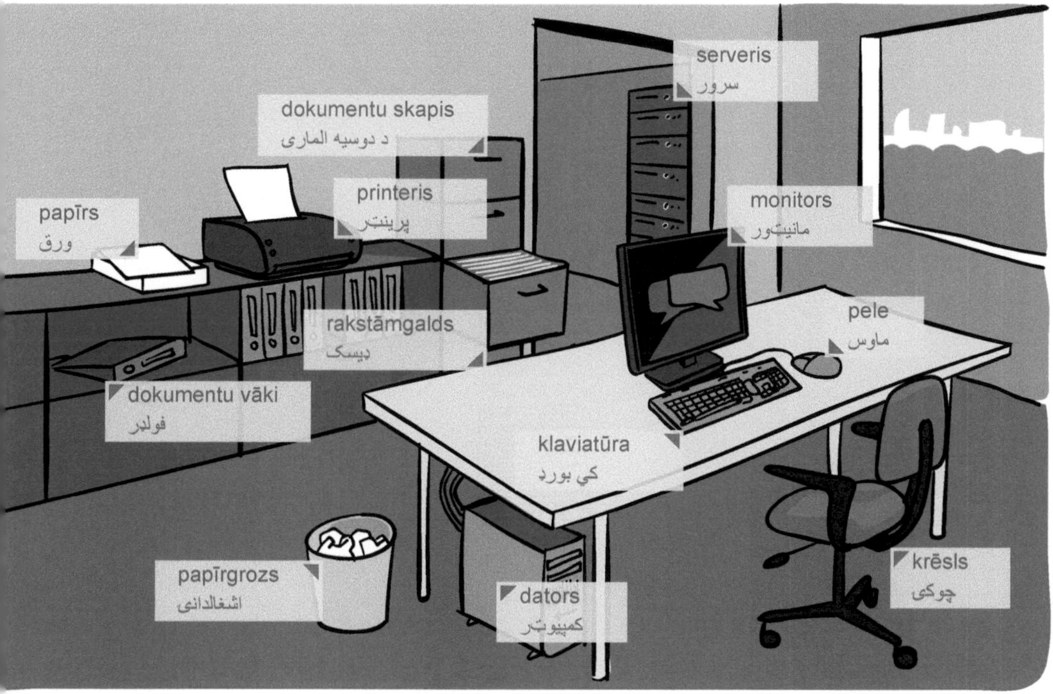

serveris
سرور
dokumentu skapis
د دوسيه الماری
papīrs
ورق
printeris
پرينټر
monitors
مانيټور
pele
ماوس
rakstāmgalds
ډيسک
dokumentu vāki
فولډر
klaviatūra
کي بورډ
papīrgrozs
اشغالدانی
dators
کمپيوټر
krēsls
چوکی

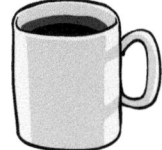

kafijas krūze

د کافي پياله

kalkulators

کالکوليټر

internets

انټرنيټ

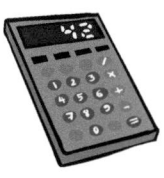

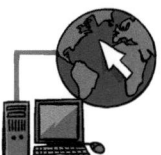

portatīvais dators

لپ ‌تاپ

vēstule

لیک

ziņa

پیغام

mobilais tālrunis

موبایل

tīkls

نیتورک

kopētājs

فوتوکاپیر

programmatūra

سافتویر

telefons

تلیفون

rozete

پلک ساکت

faksa aparāts

فکس مشین

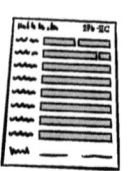

formulārs

فارم

dokuments

سند

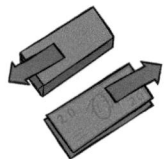

pirkt

پيرل

samaksāt

تاديه کول

tirgot

سوداگري کول

nauda

پيسي

dolārs

دالر

eiro

يورو

jēna

ين

rublis

ربل

franks

سويسي فرانک

juaņa renminbi

رينمينبي يوان

rūpija

روپۍ

bankomāts

د نغدي پيسو خای

valūtas maiņas punkts

د اسعارو د تبادلي دفتر

zelts

سره زر

sudrabs

سپین زر

nafta

تیل

enerģija

انرژي

cena

نرخ

līgums

قرارداد

nodoklis

مالیه

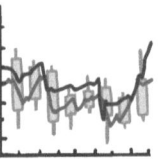

akcija

اسهام

strādāt

کار کول

darbinieks

کارمند

darba devējs

کار ګومارونکی

fabrika

فابریکه

veikals

پلورنځی

profesijas
مسلکونه

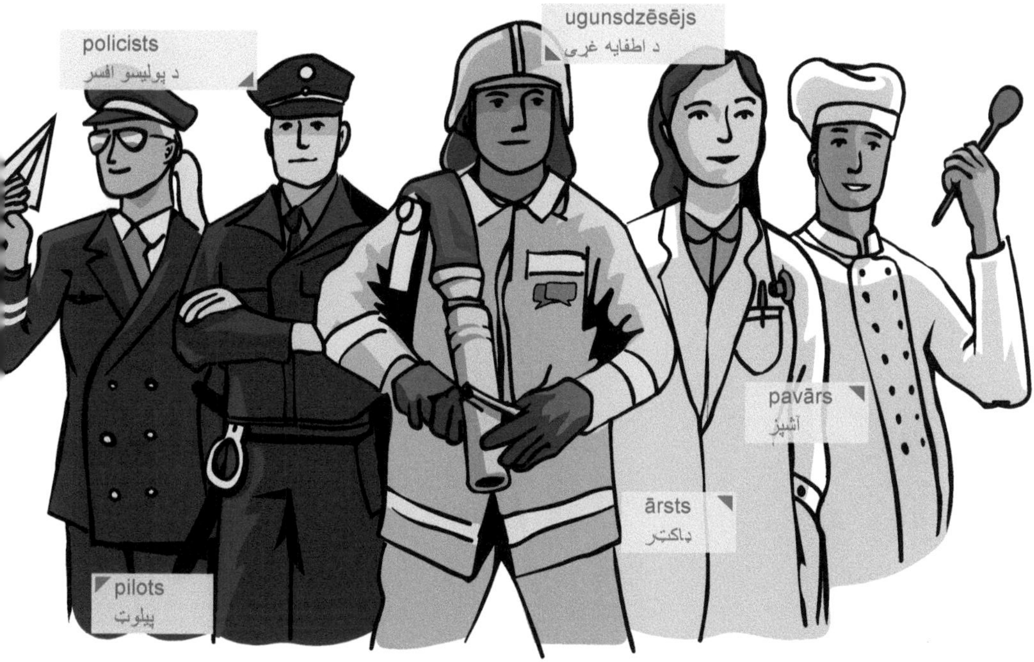

ugunsdzēsējs
د اطفایه غړی
policists
د پولیسو افسر
pavārs
آشپز
ārsts
ډاکټر
pilots
پیلوټ

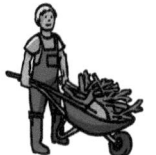

dārznieks
باغوان

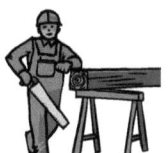

galdnieks
نجار

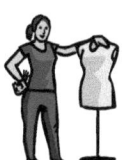

šuvēja
خیاط

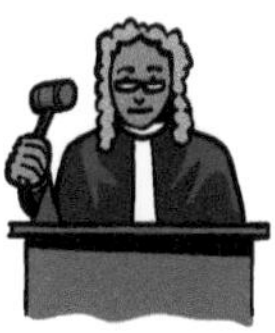

tiesnesis
قاضي

ķīmiķis
کیمیا پوه

aktieris
د فلم لوبغاړی

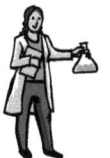

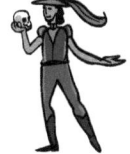

autobusa vadītājs

د بس ډرایور

taksometra vadītājs

د ټیکسي ډرایور

zvejnieks

کب نیونکی

apkopēja

خدمه

jumiķis

بام جوړونکی

viesmīlis

پیشخدمت

mednieks

ښکاري

gleznotājs

نقاش

maiznieks

نانوا

elektriķis

د برښنا کارکونکی

celtnieks

تعمیر جوړونکی

inženieris

انجنیر

miesnieks

قصاب

skārdnieks

نلدوان

pastnieks

پوست رسونکی

karavīrs

سرتیری

arhitekts

مهندس

kasieris

صراف

florists

مالیار

frizieris

نایی

konduktors

کلیندر

mehāniķis

میکانیک

kapteinis

کپتان

zobārsts

د غاښونو ډاکتر

zinātnieks

ساینس پوه

rabīns

ښاغلی

imāms

امام

mūks

مذهبی نفر

mācītājs

پادري

instrumenti

لوازم

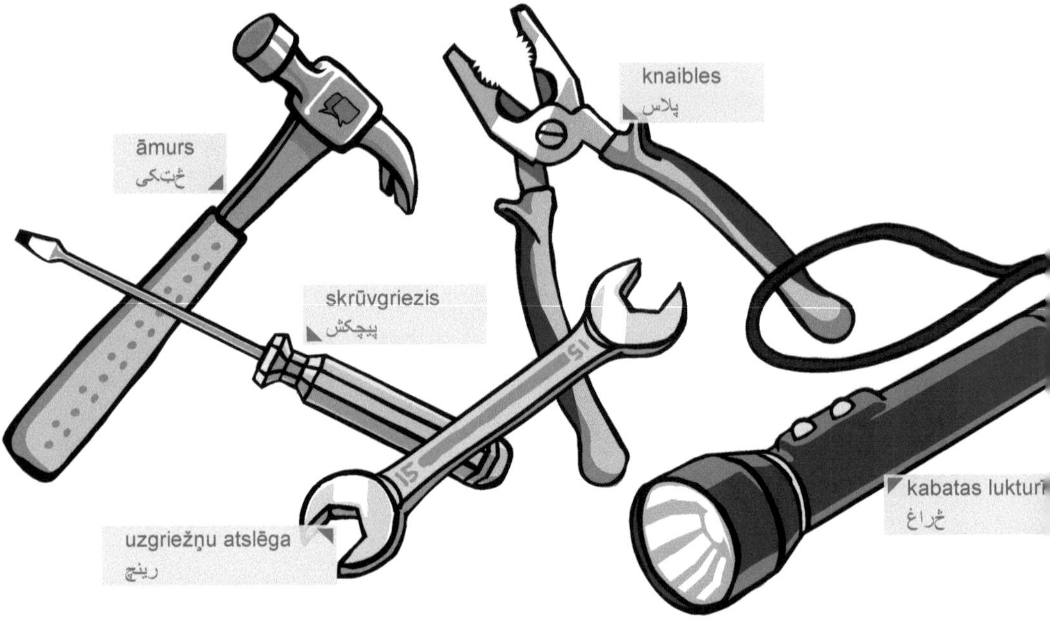
āmurs
څټکی
knaibles
پلاس
skrūvgriezis
پیچکش
uzgriežņu atslēga
رینچ
kabatas lukturi
څراغ

ekskavators
کنستونکی

instrumentu kaste
د لوازمو بکس

kāpnes
زینه

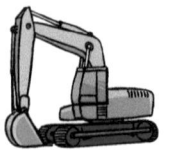

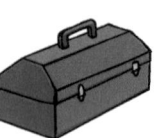

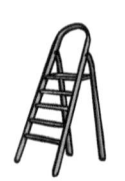

zāģis
اره

naglas
میخونه

urbis
برمه

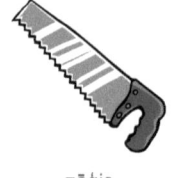

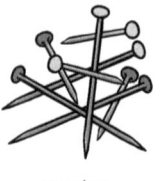

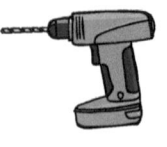

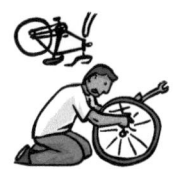

remontēt

ترمیم کول

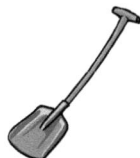

lāpsta

بیل

Velns!

لعنت!

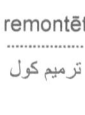

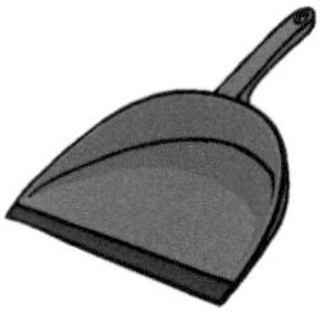

liekšķere

خاک انداز

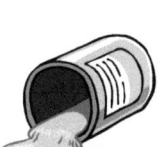

krāsas bundža

مشواڼی

skrūves

پیچونه

mūzikas instrumenti

د میوزیک آلات

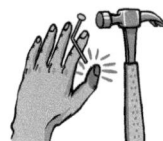

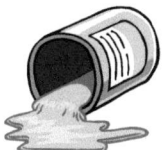

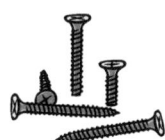

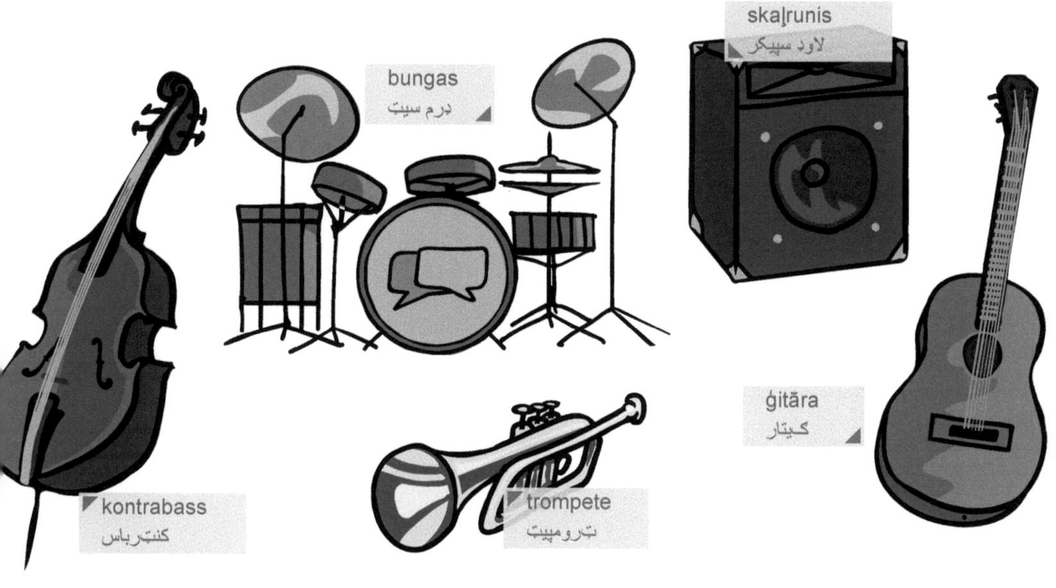

skaļrunis
لاوډ سپیکر
bungas
ډرم سیټ
ģitāra
ګیتار
kontrabass
کنټرباس
trompete
ټرومپیټ

klavieres

پیانو

vijole

وایلن

bass

باس

timpāni

نغاره

bungas

ډرمونه

digitālās klavieres

کي بورډ

saksofons

سیکسافون

flauta

شپیلی

mikrofons

مایکروفون

zooloģiskais dārzs

ژوبڼ

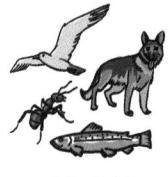

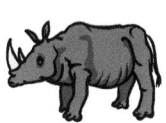

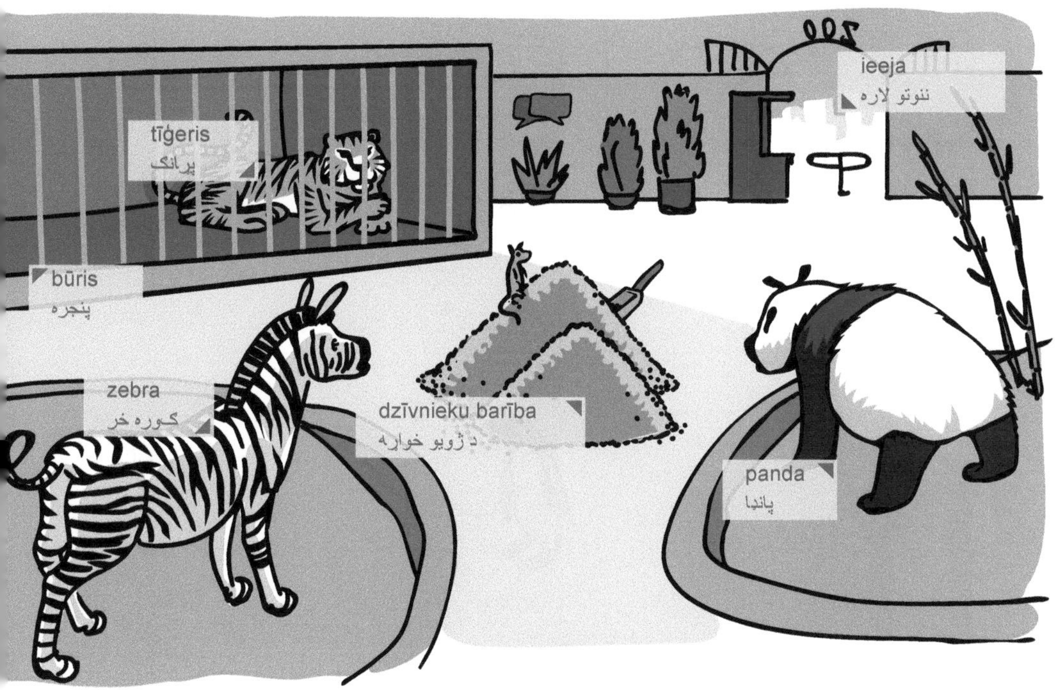

ieeja
ننوتو لاره
tīģeris
پړانګ
būris
پنجره
zebra
ګوره خر
dzīvnieku barība
د ژویو خواړه
panda
پانډا

dzīvnieki

ژوی

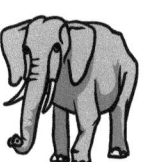

zilonis

هاتي

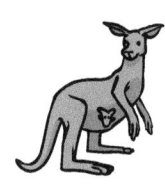

ķengurs

کنګرو

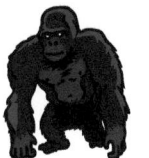

degunradzis

د اوبو اسپ

gorilla

ګوریلا

lācis

ایږه

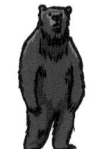

kamielis

اوښ

strauss

شترمرغ

lauva

زمری

pērtiķis

بيزو

flamings

غزی

papagailis

طوطي

polārlācis

قطبي ايږه

pingvīns

پينگوين

haizivs

شارک

pāvs

طاوس

čūska

مار

krokodils

تمساح

zoodārza sargs

ژوبڼ ساتونکی

ronis

سيل

jaguārs

جگوار

ponijs

یابو

leopards

پرانگ

nīlzirgs

هيپو

žirafe

زرافه

ērglis

باز

meža cūka

نرخوک

zivs

کب

bruņurupucis

شمشتی

valzirgs

سمندري نولی

lapsa

گيدړه

gazele

هوسۍ

amerikāņu futbols
امریکایی فټبال

riteņbraukšana
سایکل ځغلول

teniss
تینس

basketbols
باسکیټبال

peldēšana
لامبو

bokss
باکسینګ

hokejs
د کنګل هاکي

futbols

فټبال

badmintons

کسیزه

vieglatlētika

د ځغاستی لوبي

rokas bumba

د هندبال

slēpošana

سکي

polo

پولو

lēkt
توپ وهل

apskaut
غاړه وركول

smieties
خندل

iet
کر خندل

dziedāt
سندري ويل

lūgt
عبادت کول

skūpstīt
مچو کول

sapṇot
خوب لیدل

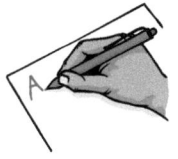

rakstīt

ليکل

zīmēt

کښنل

rādīt

ښودل

spiest

تېله کول

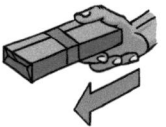

dot

وركول

ņemt

اخیستل

būt

درلودل

darīt

کول

būt

پاییدل

stāvēt

ودریدل

skriet

منډی وهل

vilkt

راکښل

mest

ګوزارل

krist

لویدل

gulēt

څملاستل

gaidīt

انتظار کول

nest

ورل

sēdēt

کښیناستل

uzġērbt

پوښاک اغوستل

gulēt

ویده کیدل

pamosties

پاڅیدل

skatīties

كتل

raudāt

ژړل

glāstīt

بريد کول

ķemmēt

کمنځخ کول

runāt

خبري کول

saprast

پوهيدل

jautāt

غوښتل

dzirdēt

اوريدل

dzert

څښل

ēst

خورل

sakārtot

پاکول

mīlēt

مينه کول

vārīt

پخلی کول

braukt

موټر چلول

lidot

الوتل

burot

بیری چلول

rēķināt

حساب

lasīt

لوستل

mācīties

زده کول

strādāt

کار کول

precēties

واده کول

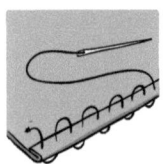

šūt

ګنډل

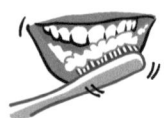

tīrīt zobus

د غاښونو برس کول

nogalināt

وژل

smēķēt

سګرټ څکښل

sūtīt

لیږل

ģimene

کورنۍ

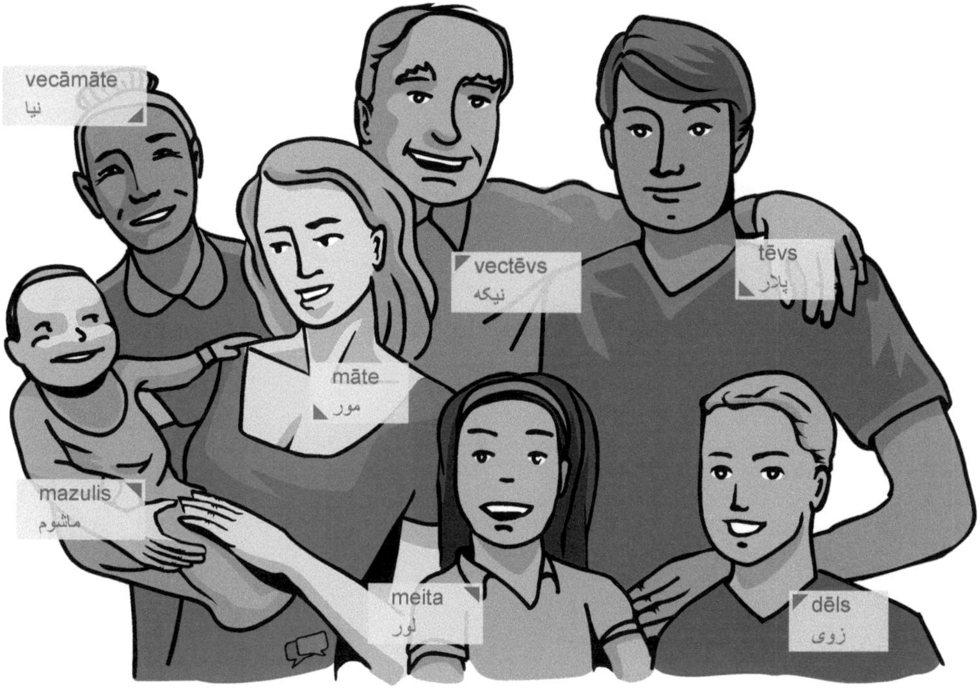

vecāmāte
نیا
vectēvs
نیکه
tēvs
پلار
māte
مور
mazulis
ماشوم
meita
لور
dēls
زوی

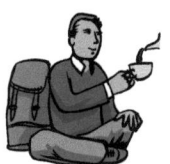

viesis

میلمه

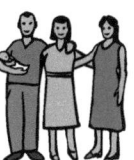

tante

ترور

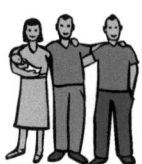

onkulis

کاکا/ماما

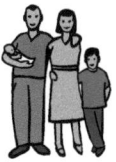

brālis

ورور

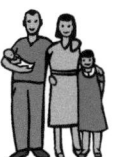

māsa

خور

ķermenis

بدن

piere
تندی
acs
سترګی
plecs
اوږه
pirksts
ګوته
seja
مخ
zods
زنه
roka
لاس
krūtis
سینه
kāja
پښه
roka
مټ

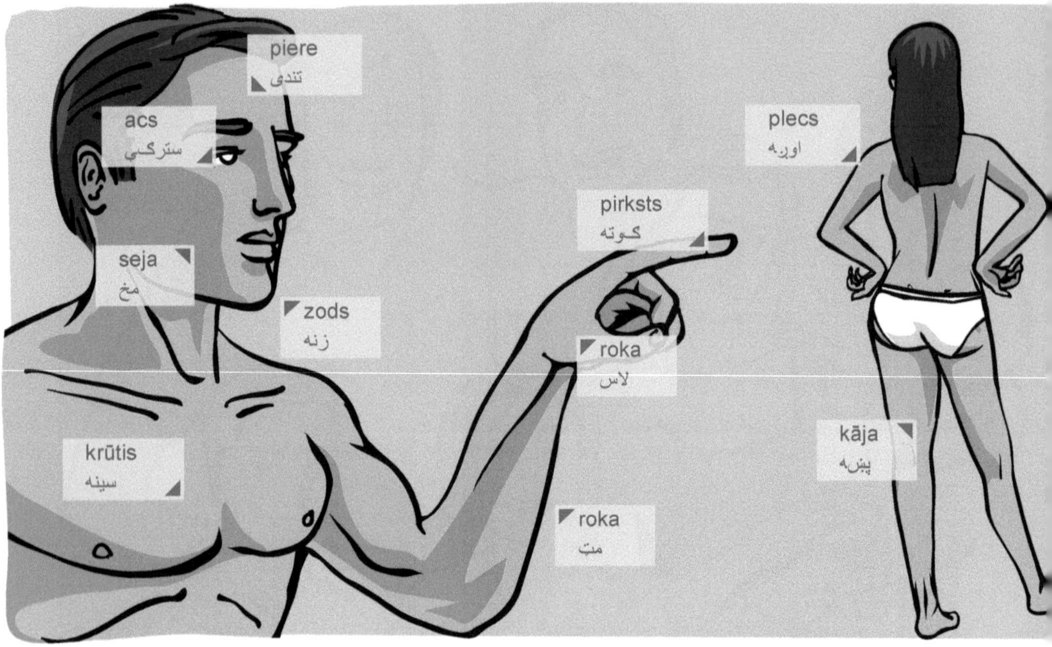

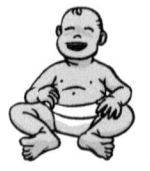

mazulis
....
ماشوم

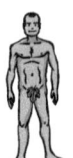

vīrietis
....
سړی

sieviete
....
ښځه

meitene
....
انجلۍ

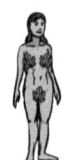

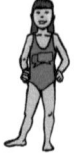

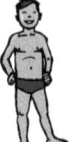

zēns
....
هلک

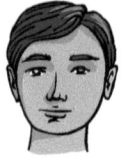

galva
....
سر

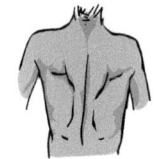

mugura

شا

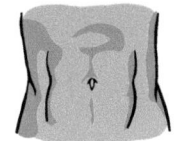

vēders

خیټه

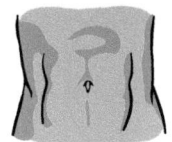

naba

نوم

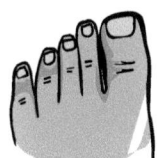

kājas pirksts

د پښۍ ګوته

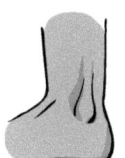

papēdis

پونده

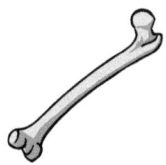

kauls

هډوکی

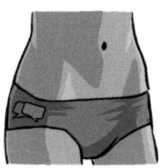

gurns

کوناټۍ

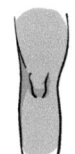

celis

زنګون

elkonis

څنګل

deguns

پوزه

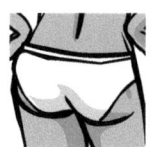

dibens

لاندی برخه

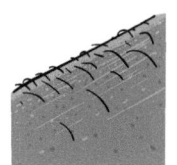

āda

پوټکی

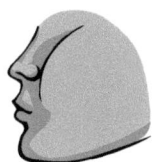

vaigs

غومبوری

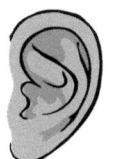

auss

غوږ

lūpa

شونډه

mute

خوله

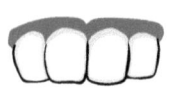

zobs

غاښ

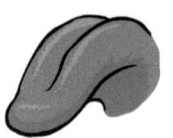

mēle

ژبه

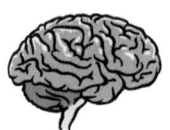

smadzenes

مغز

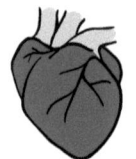

sirds

زړه

muskulis

عضله

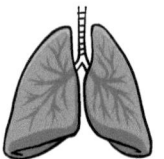

plaušas

سږی

aknas

ځيګر

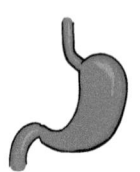

kuņģis

معده

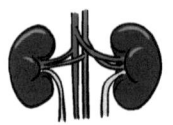

nieres

پښتورګي

dzimumakts

جنسي نژدي والی

kondoms

کاندوم

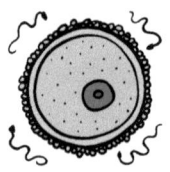

olšūna

تخمه

sperma

مني

grūtniecība

حمل

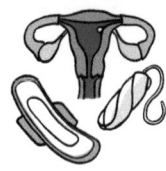

menstruācijas

حیض

vagīna

مهبل

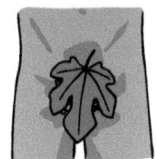

penis

د نارینه تناسلي آله

uzacs

وروځی

mati

ویښته

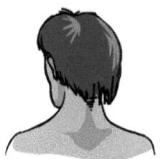

kakls

غاړه

slimnīca
روغتون

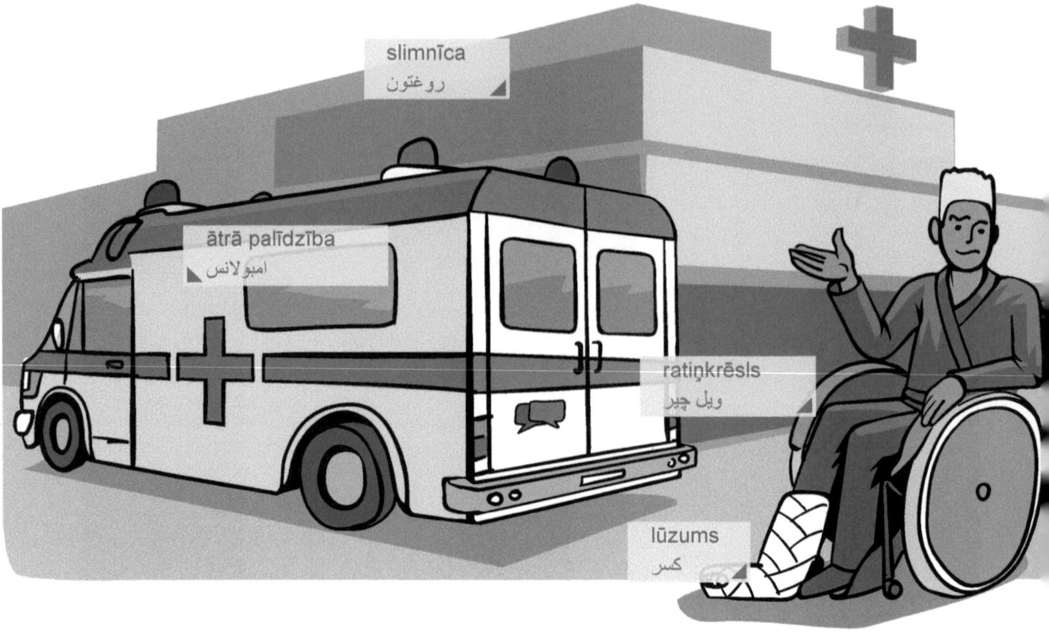

slimnīca
روغتون
ātrā palīdzība
امبولانس
ratiņkrēsls
ویل چیر
lūzums
کسر

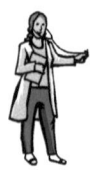

ārsts

ډاکټر

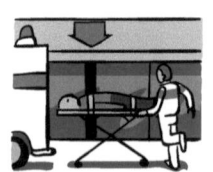

neatliekamās palīdzības nodaļa

عاجل خونه

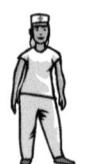

medmāsa

رنځورپال

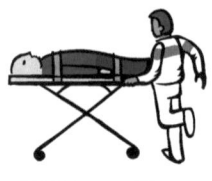

ārkārtas gadījums

عاجل

paģībis

بې هوش

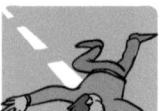

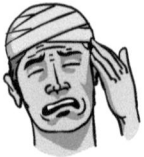

sāpes

درد

ievainojums

تپ

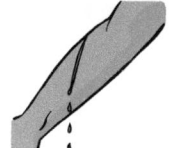

asiņošana

لدويت ونيه

sirdslēkme

د زړه حمله

insults

ضرب

alerģija

حساسیت

klepus

ټوخی

temperatūra

تبه

gripa

انفلوینزا

caureja

نس ناستی

galvassāpes

سر درد

vēzis

سرطان

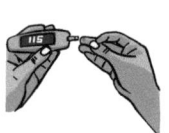

diabēts

شکر

ķirurgs

جراح

skalpelis

سکالپل

operācija

عملیات

datortomogrāfija

سيرتي

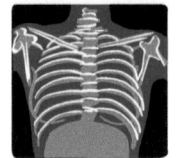

rentgents

ایکس ری

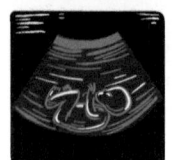

ultraskaņa

التراساوند

sejas maska

د مخ ماسک

slimība

ناروغي

uzgaidāmā telpa

انتظار خونه

kruķis

امسأ

plāksteris

پلستر

apsējs

بنداژ

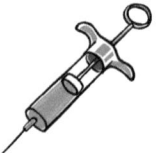

injekcija

تزریق

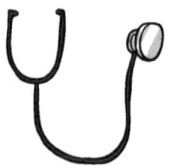

stetoskops

ستاتسکوپ

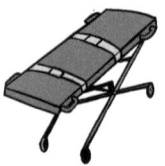

nestuves

تسکیره

termometrs

کلینکي ترماميتر

dzemdības

زیږون

liekais svars

زیات وزن

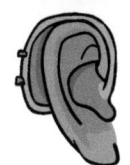

dzirdes aparāts

د اوريدو مرسته

dezinfekcijas līdzeklis

د عفونيت ځخه پاکونکي مواد

infekcija

عفونيت

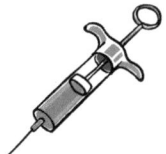

vīruss

ويروس

HIV / AIDS

ايچ.آي.وي/ايدز

zāles

درمل

pote

واکسين

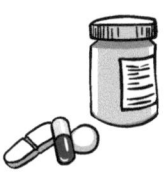

tabletes

ټابليټس

pretapaugļošanās tablete

ګولۍ

ārkārtas izsaukums

عاجل تليفون

asinsspiediena mērītājs

د ويني د فشار څارونکی

slims / vesels

ناروغ/روغ

Palīgā!

مرسته!

trauksme

الارم

uzbrukums

يرغل

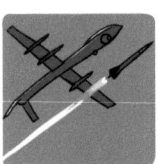

uzbrukums

بريد

bīstamība

خطر

avārijas izeja

عاجل لاره

Uguns!

اور!

ugunsdzēšamais aparāts

د اور وژونکی

negadījums

پيښه

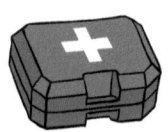

pirmās palīdzības aptieciņa

د لومړی مرستي لوازم

SOS

ايس.او.ايس

policija

پوليس

Eiropa

اروپا

Ziemeļamerika

شمالي امريكا

Dienvidamerika

سهيلي امريكا

Āfrika

افريقا

Āzija

آسيا

Austrālija

آستريليا

Atlantijas okeāns

اتلانتيک

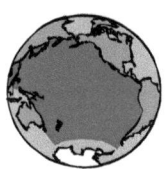

Klusais okeāns

پاسيفيک

Indijas okeāns

د هند بحر

Dienvidu okeāns

جنوبي منجمد بحر

Ziemeļu ledus okeāns

د شمال قطب بحر

Ziemeļpols

شمالي قطب

Dienvidpols

سهيلي قطب

Antarktika

انتارکتیکا

zeme

خمکه

zeme

خمکه

jūra

بحر

sala

ټاپو

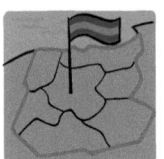

nācija

ملت

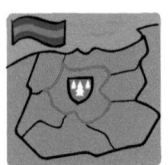

valsts

دولت

ciparnīca

د مخي ساعت

stundu rādītājs

د ساعت ستنه

minūšu rādītājs

د دقیقي ستنه

sekunžu rādītājs

د ثانیی ستنه

Cik ir pulkstenis?

څه وخت دی؟

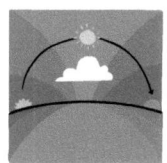

diena

ورځ

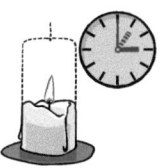

laiks

وخت

tagad

اوس

digitālais pulkstenis

ډیجیتل ساعت

minūte

دقیقه

stunda

ساعت

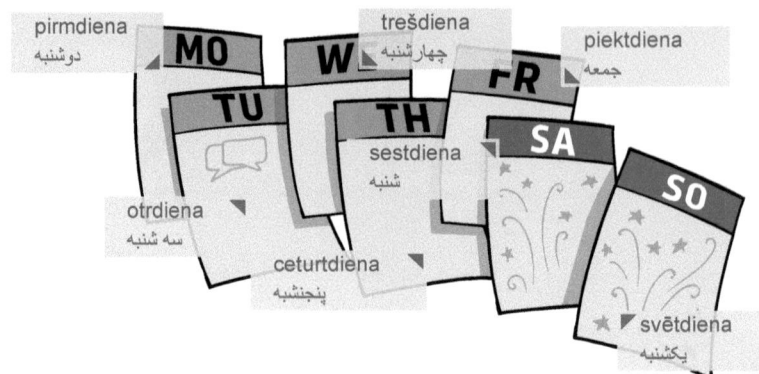

pirmdiena
دوشنبه

trešdiena
چهارشنبه

piektdiena
جمعه

TU

otrdiena
سه شنبه

TH

sestdiena
شنبه

SA

SO

ceturtdiena
پنجشنبه

svētdiena
یکشنبه

vakardien

پرون

šodien

نن

rītdien

سبا

rīts

سهار

pusdienlaiks

غرمه

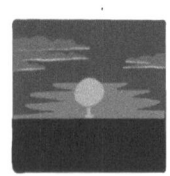

vakars

ماښام

darbadienas

کاري ورځي

brīvdienas

د اونۍ پای

gads
کال

lietus
باران
varavīksne
رنګین کمان
vējš
باد
sniegs
واوره
pavasaris
پسرلی
vasara
اوری
rudens
منی
ziema
ژمی

4.APRIL 11°
5.APRIL 4°
6.APRIL 13°
7.APRIL 8°
8.APRIL 10°

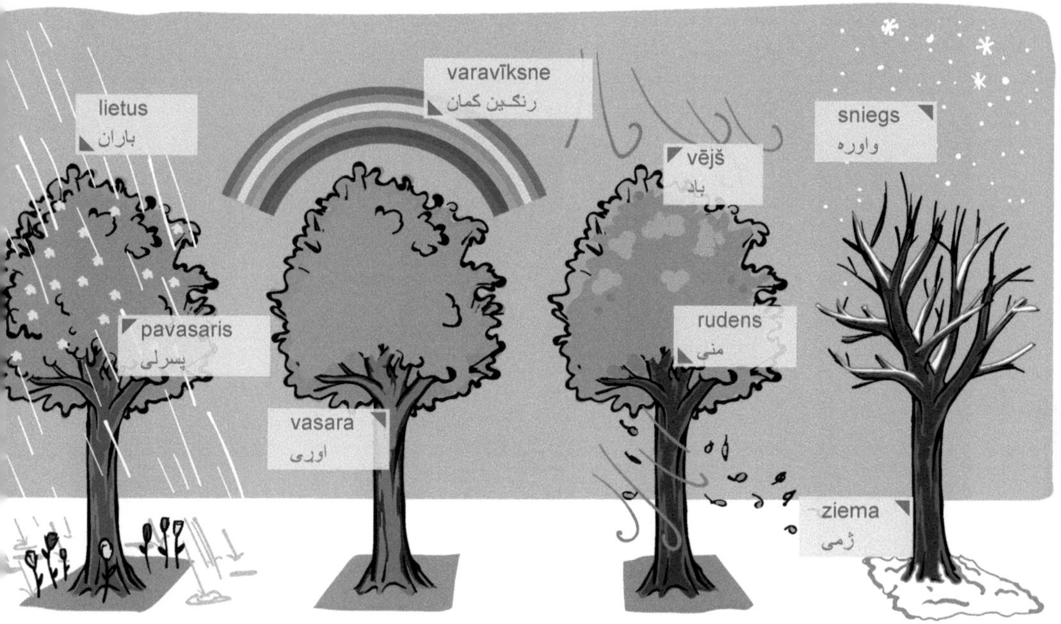

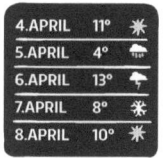

laika prognoze

د موسم وړاندوینه

F C
120 40
90 30
60 20
30 10
0 0
-30 -10
-20

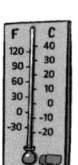

termometrs

ترمومیټر

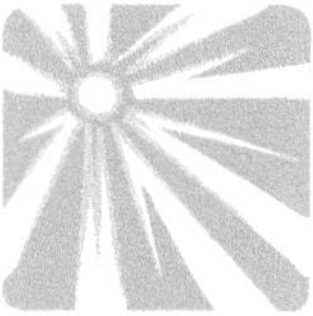

saules gaisma

د لمر وړانګې

mākonis

وریځ

migla

لړه

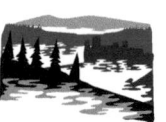

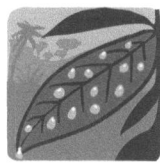

gaisa mitrums

رطوبت

zibens

تندرا

pērkons

تندر

vētra

توفان

krusa

ژلی وریدل

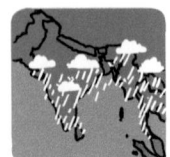

musons

مون سون باران

plūdi

سیلاب

ledus

یخ

janvāris

جنوري

februāris

فبروري

marts

مارچ

aprīlis

اپريل

maijs

می

jūnijs

جون

jūlijs

جولای

augusts

اگست

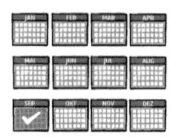

septembris

سپتمبر

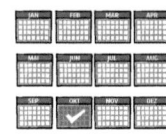

oktobris

اکتوبر

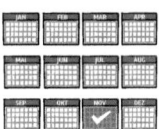

novembris

نومبر

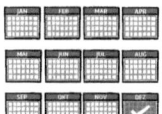

decembris

دسمبر

formas

شکلونه

aplis

دایره

kvadrāts

مربع

četrstūris

مستطیل

trīsstūris

مثلث

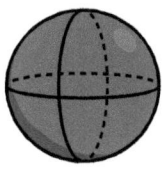

lode

توپ

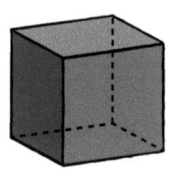

kubs

فال

balts

سپين

dzeltens

ژیر

oranžs

نارنجي

sārts

گلابي

sarkans

سور

lillā

ارغواني

zils

نيلي

zaļš

شين

brūns

نسواري

pelēks

خړ

melns

تور

daudz / maz

خورا ډېر/خورا لږ

saniknots / miermīlīgs

قار/ارام

skaists / neglīts

ښکلی/بدشکله

sākums / beigas

پیل/پای

liels / mazs

لوی/کوچنی

gaišs / tumšs

روښانه/تیاره

brālis / māsa

ورور/خور

tīrs / netīrs

پاک/ککر

pilnīgs / nepilnīgs

مکمل/نامکمل

diena / nakts

ورځ/شپه

miris / dzīvs

مړ/ژوندی

plats / šaurs

پراخه/انزی

baudāms / nebaudāms

د خوراک ور/نه خورل کیدونکی

nikns / laipns

بد/مهربان

satraukts / garlaikots

پاریدلی/بی خونده

resns / tievs

چاق/وچ

pirmais /pēdējais

لومړی/وروستی

draugs / ienaidnieks

ملګری/دښمن

pilns / tukšs

ډک/تش

ciets / mīksts

سخت/نرم

smags / viegls

دروند/سپک

izsalkums / slāpes

لوږه/تنده

slims / vesels

ناروغ/روغ

nelegāls / legāls

غیرقانونی/قانونی

inteliģents / dumjš

هوښیار/ساده

kreisais / labais

کین/ښي

tuvu / tālu

نږدې/لرې

jauns / lietots

نوی/زور

nekas / kaut kas

هيڅ/يو څه

vecs / jauns

بډا/ځوان

ieslēgts / izslēgts

چالا/ن/بند

atvērts / slēgts

خلاص/ا/ترلی

kluss / skaļš

غلی/لور غږ

bagāts / nabags

بډای/ه/غریب

pareizi / nepareizi

صحيد/غلط

raupjš / gluds

زبر/ملايم

noskumis / laimīgs

خفه/خوښ

īss / garš

لنډ/اوږد

lēns / ātrs

سست/ګرندی

slapjš / sauss

لوند/وچ

silts / vēss

ګرم/ښخ

karš / miers

جګړه/سوله

0

nulle

صفر

1

viens

يو

2

divi

دوه

3

trīs

دري

4

četri

څلور

5

pieci

پنځه

6

seši

شپږ

7

septiņi

اوه

8

astoņi

اته

9

deviņi

نهه

10

desmit

لس

11

vienpadsmit

يولس

12

divpadsmit

دولس

13

trīspadsmit

ديارلس

14

četrpadsmit

څوارلس

15

piecpadsmit

پنځلس

16

sešpadsmit

شپارس

17

septiņpadsmit

وولس

18

astoņpadsmit

اتلس

19

deviņpadsmit

نولس

20

divdesmit

شل

100

simts

سل

1.000

tūkstotis

زر

1.000.000

miljons

ميليون

anglu

انگلسي

amerikāņu angļu

امريكايی انگلسي

ķīniešu mandarīnu valoda

چینایی مندرین

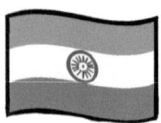

hindi

هندي

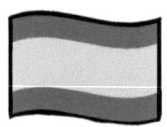

spāņu

هسپانوي

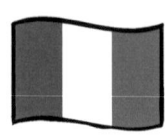

franču

فرانسوي

arābu

عربي

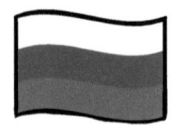

krievu

روسي

portugāļu

پرتګالي

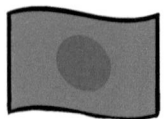

bengāļu

بنګالي

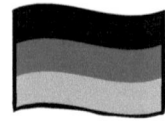

vācu

آلماني

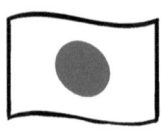

japāņu

جاپاني

es

زه

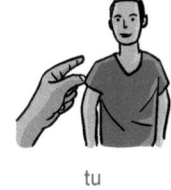

tu

ته

viņš / viņa

هغه/دغه/دا

mēs

مونږ

jūs

تاسي

viņi / viņas

دوی/هغوی

kas?

څوک؟

ko?

څه؟

kā?

څنگه؟

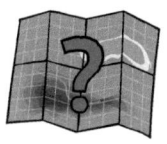

kur?

چيري؟

kad?

کله؟

vārds

نوم

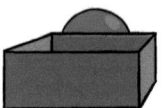

aiz

شاته

iekšā

پہ

priekšā

پہ مخہ کی

virs

باندي

uz

پہ

zem

لاندي

blakus

برسیره پر

starp

ترمینځ

vieta

ځای